BEI GRIN MACHT SICH IHR WISSEN BEZAHLT

- Wir veröffentlichen Ihre Hausarbeit, Bachelor- und Masterarbeit

- Ihr eigenes eBook und Buch - weltweit in allen wichtigen Shops

- Verdienen Sie an jedem Verkauf

Jetzt bei www.GRIN.com hochladen und kostenlos publizieren

Grundlagen der Biopsychologie. Nervensystem, Hormone und Neurofeedback

Bibliografische Information der Deutschen Nationalbibliothek:

Die Deutsche Nationalbibliothek verzeichnet diese Publikation in der Deutschen Nationalbibliografie; detaillierte bibliografische Daten sind im Internet über http://dnb.d-nb.de abrufbar.

ISBN: 9783346361561
Dieses Buch ist auch als E-Book erhältlich.

© GRIN Publishing GmbH
Nymphenburger Straße 86
80636 München

Druck und Bindung: Books on Demand GmbH, Norderstedt Germany
Gedruckt auf säurefreiem Papier aus verantwortungsvollen Quellen

Das Buch bei GRIN: https://www.grin.com/document/992337

Nervensystem, Hormone und Neurofeedback

Inhaltsverzeichnis

Abkürzungsverzeichnis

PNS	peripheres Nervensystem
ZNS	zentrales Nervensystem
SNS	somatisches Nervensystem
lat.	lateinisch
VNS	vegetatives Nervensystem
d.h.	das heißt
bzw.	Beziehungsweise
HHNA	Hypothalamus- Hypophysen- Nebennierenrinden- Achse
Bspw.	Beispielsweise
z.B.	zum Beispiel
ca.	Circa
Abb.	Abbildung
Vgl.	vergleiche
ACTH	Adrenocorticotropes Hormon
CRH	Corticotropin- releasing Homon
Abs.	Absatz
ggfls.	Gegebenenfalls
ADHS	Aufmerksamkeitsdefizit-/ Hyperaktivitätsstörung

1. Aufgabe 1- Unterschiede somatisches und vegetatives Nervensystem

1.1 Das Nervensystem

Es lässt sich zunächst feststellen, dass das Nervensystem anatomisch aus einem zentralen und einem peripheren Teil besteht. Funktionell lässt sich das Nervensystem wiederum in das somatische (SNS) und das vegetative Nervensystem (VNS) unterteilen.[1] Es ist diesbezüglich zu erwähnen, dass sowohl das VNS als auch das SNS eher dem PNS zugeordnet werden. Jedoch liegen auch Bestandteile im ZNS.[2] Das Nervensystem an sich ist grundsätzlich zuständig für die Erfassung, Weiterleitung, Auswertung und Speicherung von Informationen der Umwelt und des Körpers und ist somit für den Mensch unverzichtbar.[3] Es kann demnach auch körperliche Prozesse steuern.[4] Die Nerven des PNS liegen außerhalb des Schädels und des Wirbelkanals. Es zieht somit alle Nerven außerhalb des Gehirns und Rückenmarks mit sich, während das ZNS die Nervenbahnen im Gehirn und Rückenmark beinhaltet.[5] In den folgenden Unterkapiteln werden jeweils das somatische und das vegetative Nervensystem näher erläutert und anschließend die Unterschiede der Systeme dargestellt.

1.1.1 Somatisches Nervensystem

Das somatische Nervensystem (SNS) dient der afferenten und efferenten Kommunikation mit der Umwelt. Demnach leitet das SNS zum einen sensorische Informationen von der Umwelt durch Rezeptoren auf der Haut, Auge, Ohren aber auch Gelenken und Skelettmuskeln an das zentrale Nervensystem weiter und zum anderen leitet es auch Informationen des ZNS zur Skelettmuskulatur.[6] Das SNS ist also für die bewusste Wahrnehmung als auch für die Kontrolle und Willkür der Motorik von wesentlicher Bedeutung. Deswegen wird das SNS auch als animales (lat. animalis= lebendig) Nervensystem bezeichnet und als ein Teil des Bewusstseins betrachtet.[7] Wie bereits angedeutet ist das SNS in Afferenzen und Efferenzen gegliedert.

---

[1] Vgl. Kolster, Marquardt (2013), S.21
[2] Vgl. Kirschbaum (2008), S.196
[3] Vgl. Siems et. al (2016), S.174
[4] Vgl. Moberg (2016), S.35
[5] Vgl. Karim I (2015), S.25
[6] Vgl. Karim I (2015), S.26
[7] Vgl. Schmidt, Thews (1976), S.114

Die afferenten Bahnen des SNS, auch Projektionsbahnen genannt, führen zu dem sensorischen Projektionszentrum und zu dem Assoziationskortex. Diese Zentren sind Teile des ZNS. Konkret formuliert sind die Riechbahn, die Sehbahn, die Hörbahn, die Geschmacksbahn, die Gleichgewichtsbahn sowie die somatosensorische Bahnen afferente Bahnen des SNS.[8] Dementsprechend gehören zu dem SNS auch das olfaktorische, das visuelle, das auditive, das gustatorische, das vestibuläre sowie das somatosensorische System. Mithilfe dieser Systeme und den zugehörigen Bahnen werden also Sinneseindrücke bewusst wahrgenommen. Hierbei ist relevant, dass nicht nur Sinneseindrücke außerhalb des Körpers, sondern vor allem mithilfe des somatosensorischen Systems auch innerhalb des Körpers bewusst werden.[9]

Die Efferenzen des SNS sind motorische Nervenbahnen, die die Skelettmuskulatur versorgen. Sowohl Pyramidenbahnen als auch motorische Anteile der Hirnnerven stellen motorische Nervenbahnen des SNS dar. Hierbei versorgen die motorischen Anteile der Hirnnerven die quergestreifte Muskulatur und die Pyramidenbahnen die übrige Skelettmuskulatur.[10] Sobald eine motorische Nervenbahn erregt ist kommt es zu Muskelbewegungen. Das motorische System stellt demnach auch ein Teil des SNS dar. Mithilfe des motorischen Systems und den zugehörigen Bahnen werden Bewegungen kontrolliert. Eine Ausnahme stellen hierbei Reflexe dar, die ebenfalls vom SNS gesteuert werden, jedoch nicht willkürlich ablaufen.[11]

1.1.2 Vegetatives Nervensystem

Das vegetative Nervensystem steuert die neuronale Regulierung der inneren Organe. Es wacht sozusagen über alle lebensnotwenigen Grundfunktionen des Körpers und sorgt für ein physiologisches Gleichgewicht der Körperfunktionen bzw. für die sogenannte Homöostase. Unter lebensnotwendigen Grundfunktionen sind z.B. Atmung, Verdauung und Stoffwechsel zu verstehen. Das VNS ist also bei Tag und Nacht aktiv. Die Tätigkeit des VNS ist größtenteils dem Bewusstsein und dem Willen entzogen. Deswegen wird es auch als unwillkürliches oder autonomes Nervensystem bezeichnet.[12] Ähnlich wie das somatische- besteht auch das vegetative Nervensystem aus afferenten und efferenten Nerven. Bei den afferenten Nerven werden hierbei

---

[8] Vgl. Voss, Herrlinger (1964), S.21f.
[9] Vgl. Schiebler (2006), S.787
[10] Vgl. Weber (1960), S.8
[11] Vgl. Bley et. al (2015), S.482
[12] Vgl. Braus (1940), S.505

Informationen aus inneren Organen und den dazugehörigen Strukturen wie z.B. dem Herz- Kreislauf System, der Atemtrakt, der Verdauungstrakt an das ZNS übertragen. Bei den efferenten Nerven hingegen werden Signale des ZNS an innere Organe übertragen. Hierbei stellen der Sympathikus und der Parasympathikus zwei typische efferente Nerven dar.[13] Diese sind essenziell, da die meisten inneren Organe sympathisch und parasympathisch innerviert werden. Der Sympathikus und der Parasympathikus sind als Gegenspieler zu betrachten, da bei der erhöhten Aktivität des Sympathikus der Parasympathikus weitestgehend inaktiv ist und umgekehrt. Dies Arbeitsweise nennt sich „funktioneller Synergismus".[14] Allerdings gibt es auch manche Organe, die nur vom Parasympathikus oder nur vom Sympathikus kontrolliert werden. Beispielsweise werden Tränendrüsen nur vom Parasympathikus innerviert wohingegen Schweißdrüsen auf der Haut und Blutgefäße nur vom Sympathikus kontrolliert werden.[15]

Der Sympathikus entspringt den Seitenhörnern des Rückenmarks im Brust- und Lendenbereich. Er verläuft ähnlich einer Strickleiter entlang der Wirbelsäule. Der Sympathikus sorgt für physiologische Erregung, d.h. der Puls steigt, das Herz pocht schneller, die Pupillen erweitern sich und die Körpertemperatur steigt.[16] Er ist vor allem in Stresssituationen aktiv, also z.B. bei hohen Belastungen und Anforderungen als auch bei Wut. Die sympathische Erregung bereitet den Körper auf die sogenannte „fight- or flight reaction" vor.[17] Dabei kommt es zu den oben genannten physiologischen Kennzeichen bzw. Reaktionen. Hierbei werden die Haupthormone der sympathischen Aktivierung, nämlich Adrenalin und Noradrenalin ausgeschüttet, welche für die beschriebenen physiologischen Reaktionen verantwortlich sind.[18] Die Hypothalamus- Hypophysen- Nebennierenrinden- Achse (HHNA) und das sympathische Nervensystem bilden die zwei Stressreaktions- Achsen. Im Gegensatz zur HHNA entfaltet das sympathische Nervensystem ihre Wirkung schneller, jedoch ist sie auch kürzer anhaltend.[19] Grundsätzlich komm es also zu einer Energiemobilisierung und zu einer funktionsanregenden Wirkung.

---

[13] Vgl. Karim I (2015), S.26
[14] Vgl. Birbaumer, Schmidt (2013), S.437ff.
[15] Vgl. Rüegg (2007), S.57
[16] Vgl. Rüegg (2007), S.56
[17] Vgl. Silverthorn (2009), S.541
[18] Vgl. Gauggel, Herrmann (2008), S.276
[19] Vgl. Karim II (2015), S.20

Der Parasympathikus entspringt dem Kreuzmark und dem Hirnstamm und ist regional weniger ausgedehnt als der Sympathikus. Er versorgt Bauch-, Brust- und Beckenorgane, jedoch keine Leibeswand mit Extremitäten.[20] Grundsätzlich sorgt der Parasympathikus für physiologische Drosslung, also für einen Entspannungszustand. Hierbei wird die Aktivität von Blutdruck und Herzfrequenz gehemmt und der Energieverbrauch somit gesenkt. Es kommt demnach zu einer Energiespeicherung.[21] Grundvoraussetzung für eine optimale Anpassung der Organfunktionen an die jeweiligen Bedürfnisse des Körpers ist ein ausgewogenes Spiel von Sympathikus und Parasympathikus.[22] Sofern die Aktivität des Sympathikus überwiegt herrscht oftmals Nervosität, wohingegen eine Überaktivität des Parasympathikus mit chronischer Ermüdung (Chronic- Fatigue- Syndrom) einhergeht.[23]

Neben dem Sympathikus und dem Parasympathikus besteht das vegetative Nervensystem zudem aus dem intramuralen Nervensystem bzw. dem Darmnervensystem. Die hier zugehörigen Neuronen liegen den Wänden des Gastrointestinaltraktes und sind sensorische-, motorische- oder Interneuronen. Das Darmnervensystem funktioniert auch ohne sympathischer und parasympathischer Aktivität. Es regelt die Bewegungen des Darmes zur Durchmischung und zum Weitertransport des Darminhaltes sowie zum Teil die Sekretionsvorgänge autonom.[24]

1.2 Zusammenfassung der Unterschiede

Zusammengefasst lässt sich feststellen, dass der elementare Unterschied des SNS und des VNS darin besteht, dass das SNS weitestgehend ein Teil des Bewusstseins ist, was eine bewusste Wahrnehmung sowie die Willkür der Motorik implizit, während die Prozesse des VNS hingegen weitestehend unbewusst und unwillkürlich ablaufen. Allerdings wäre eine strikte und akribische Einteilung in bewusst und unbewusst nicht korrekt, da bspw. Reflexe von dem SNS gesteuert werden, jedoch nicht der Willkür unterliegen. Grundsätzlich lässt sich jedoch festmachen, dass es zwischen beiden Systemen funktionelle Unterschiede gibt. Demnach ist also das somatische Nervensystem für die Kommunikation zwischen dem Körper und der Außenwelt sowie die bewusste Motorik verantwortlich, d.h. es kontrolliert willkürlich die

---

[20] Vgl. Graumann, Sasse (2005), S.521
[21] Vgl. Rüegg (2007), S.56
[22] Vgl. Asmussen- Clausen (2007), S.9
[23] Vgl. Rüegg (2007), S.56
[24] Vgl. Althaus (2007), S.33

Skelettmuskulatur während das vegetative Nervensystem für die unwillkürliche Kommunikation einzelner Organe, also die Homöostase zuständig ist, d.h. es kontrolliert unwillkürlich die Drüsen und Muskeln der Zielorgane.

Zuletzt ist zu erwähnen, dass beide Systeme trotz unterschiedlicher Funktionen für den Menschen gleichermaßen wichtig sind.

2. Aufgabe 2- Funktion Hypophysen- Hormone

2.1 Lage und Aufbau der Hypophyse

Die Hypophyse ist ca. 1 cm groß und ca. 1 Gramm schwer. Sie hängt unterhalb des Hypothalamus mit dem sie durch ein Hypophysenstil verbunden ist. Sie steuert die Freisetzung von lebenswichtigen Hormonen und arbeitet eng mit dem Hypothalamus zusammen bzw. bildet mit ihm eine Funktionseinheit. Es ist zu erwähnen, dass die Hypophyse auch als Hirnanhangsdrüse bezeichnet wird und sowohl aus einem Vorderlappen (Adenohypophyse) als auch einem Hinterlappen (Neurohypophyse) besteht. Im Hypothalamus produzierte Hormone werden entweder als Effekthormone in die Neurohypophyse transportiert oder kontrollieren als Steuerhormone die Hormonproduktion- und freisetzung in der Adenohypophyse.[25] Die Adenohypophyse geht aus einer Ausstülpung des primitiven Kopfdarmdaches hervor während die Neurohypophyse aus einer Ausstülpung des Zwischenhirnbodens hervorgeht.[26] Die Adenohypophyse reguliert sämtliche Drüsen durch glandotrope Steuerungshormone. Daher wird es auch als übergeordnetes endokrines Steuerzentrum bezeichnet. Gleichzeitig beeinflusst aber die Adenohypophyse auch das periphere Gewebe mittels Effektorhormonen.[27] Die Neurohypophyse hingegen ist für die Speicherung und Bereitstellung von zwei wichtigen Hormonen zuständig. Im Verlauf dieser Aufgabe bzw. den nächsten Unterkapiteln wird diesbezüglich näher drauf eingegangen. Der wesentliche Unterschied zwischen der Neurohypophyse und der Adenohypophyse ist demnach, dass die Neurohypophyse keine Drüse ist und somit auch keine Hormone produzieren kann. Die Neurohypophyse ist im Gegensatz zur Adenohypophyse als Bestandteil des Gehirn zu betrachten. Demzufolge lässt sich vereinfacht formulieren, dass die Adenohypophyse grundsätzlich für die Produktion einiger Hormone zuständig

---

[25] Vgl. Speckmann et. All (2019), S.730
[26] Vgl. Kahle, Frotscher (2009), S.200
[27] Vgl. Liebich (2010), S.175

ist während die Neurohypophyse für die Speicherung und Ausschüttung von bestimmten Hormonen sorgt.[28] Trotz der Unterschiede hinsichtlich der Herkunft und Funktion sind die Neurohypophyse und die Adenohypophyse als eine Einheit zu betrachten. Abbildung 1 verdeutlicht nochmals die Lokalitäten des Vorderlappens, Hinterlappens und des Hypothalamus. Zudem veranschaulicht es die Verbindung der Hypophyse mit dem Hypothalamus durch den Hypophysenstil.

Diese Abbildung wurde aus urheberrechtlichen Gründen von der Redaktion entfernt

Abb. 1.: Lage Hypophyse und Hypothalamus
Quelle: https://www.psych.mpg.de/1986605/verletzung

2.2 Oxytocin

Oxytocin wird im Nucleus paraventricularius und zu Teilen auch im Nucleus supraopticus gebildet. Beides sind Kerngebiete im Hypothalamus, d.h. also grundsätzlich, dass Oxytocin im Hypothalamus produziert wird. Von dort aus gelangt es über Axone zur Neurohypophyse, wo das Hormon zunächst gespeichert und bereitgehalten wird. Oxytocin ist ein Nonapeptid, also ein Peptid, das aus neun Aminosäuren Bausteinen besteht. Die chemische Struktur wurde im Laufe der Evolution beibehalten und ist bei allen Säugetieren gleich.[29] Oxytocin wird durch ein Nervennetz im Gehirn als auch in der Hypophyse freigesetzt. Es ist diesbezüglich anzumerken, dass Oxytocin sowohl bei intensiver sensorischer Stimulation, wie z.B. bei der Geburt, beim Stillen oder beim Geschlechtsverkehr freigesetzt wird aber auch bei wenig intensiver Stimulation, wie z.B. Hautkontakt, Streicheln oder gar Blickkontakt.[30] Aufgrund dieser Merkmale wird Oxytocin auch oftmals als Kuschelhormon bezeichnet. Als „Kuschelhormon" wird Oxytocin entsprechend mit positiven psychischem Zuständen, wie Liebe, Vertrauen, Ruhe und Stressreduktion in Verbindung gebracht, weswegen es oftmals zur Familie der Glückshormonen, worin sich z.B. Serotonin oder Dopamin befinden, eingeordnet wird.[31] Oxytocin- Rezeptoren befinden sich in der Brustdrüse und der Gebärmutter in einer hohen Dichte, sind aber auch in dem Gehirn sowie in den peripheren Organen, wie z.B. dem Herz oder der Bauchspeicheldrüse, vorhanden.[32] Die Nervenfasern, die

---

[28] Vgl. Moberg (2015), S.41
[29] Vgl. Moberg (2015), S.62
[30] Vgl. Julius et. al (2014), S.83
[31] Vgl. Paufler (2018), S.365
[32] Vgl. Julius et. al (2014), S.86

Oxytocin enthalten, erreichen Bereiche wie z.B. die Amygdala, den paraventrikularen Nucleus, den locus coeruleus oder den Hippocampus. Deswegen steht Oxytocin auch in einem Zusammenhang zu prosozialem Verhalten, der Reduzierung von Angst, Lernvorgängen und dem Gefühl von Ruhe. Bezüglich Letzterem lässt sich feststellen, dass Oxytocin die Aktivität des Sympathikus hemmt und entsprechend den Cortisolspiegel und den Blutdruck senkt. [33] Wie bereits erwähnt, befinden sich Oxytocin- Rezeptoren in einer sehr hohen Dichte in der Brustdrüse und der Gebärmutter. Dies ist notwendig, da durch Oxytocin die Kontraktion der Milchbläschen in der Brustdrüse stimuliert wird, woraus letztlich Milchfluss entsteht. Außerdem führt Oxytocin zur Wehentätigkeit bei Schwangeren bzw. ist daran beteiligt. Die Kontraktion des Uterus wir hierbei angeregt, was zu einem Austreiben von Leibesfrucht und Mutterkuchen führt.[34] Da dies die erste Erkenntnis bezüglich dieses Hormons war, wurde es Oxytocin genannt, was übersetzt „schnelle Geburt" bedeutet. Deswegen erfolgt auch eine Zugabe von Oxytocin, um den Geburtsvorgang aber auch den Milcheinschuss zu stimulieren. Da ein Oxytocinmangel- oder überschuss auch mit klinischen Störungen, wie z.B. sozialen Angststörungen oder Autismus korreliert, wird derzeit diesbezüglich experimentiert, um neue Erkenntnisse zu gewinnen.[35]

2.3 Vasopressin

Vasopressin wird auch als Antidiuretisches Hormon (ADH) oder als Adiuretin bezeichnet.[36] Ähnlich wie Oxytocin ist Vasopressin ein Nonapeptid, welches im Nucleus paraventricularis und dem Nucleus supraopticus gebildet wird. Es wird also im Hypothalamus produziert und gelangt über Axone zur Neurohypophyse. Dort wird es gespeichert und sozusagen bereitgehalten.[37] Ein wichtiger Stimuli der Vasopressin Ausschüttung ist die Hyperosmolarität. Eine Hyperosmolarität liegt vor, wenn die Osmolarität einer Körperflüssigkeit höher ist als die Osmolarität einer Vergleichslösung.[38] Hierbei wird die Osmolarität im Hypothalamus und möglicherweise in der Leber registriert. Eine weitere Stimulation der Vasopressin Ausschüttung erfolgt durch Hypovolämie, also einer Verminderung der im Blutkreislauf befindlichen Menge Blut oder Plasma. Hierbei wird das Plasmavolumen durch Dehnungsprozesse im

---

[33] Vgl. Julius et. al (2014), S.83ff.
[34] Vgl. Birbaumer, Schmidt (2013), S.126
[35] Vgl. Julius et. al (2014), S.85ff.
[36] Vgl. Herpertz (2010), S.251
[37] Vgl. Schmidt et. al (2007), S.473f.
[38] Vgl. Moritz et. al (2013), S.351f.

linken Vorhof registriert. Während eine Zunahme des Vorhofdrucks eine Ausschüttung hemmt, fördert eine Abnahme des Vorhofdrucks die Ausschüttung. Weitere mögliche Stimuli für die vermehrte Ausschüttung von Vasopressin kann Stress, Angst, Erbrechen oder sexuelle Erregung sein.[39] Grundsätzlich dient Vasopressin zur Steuerung des Wasserhaushalts. Vasopressin fördert hierbei die Rückresorption von Wasser durch die Nieren. Es wird also Wasser aus Sekreten oder Ausscheidungsprodukten, wie z.B. dem Primärharn zurückgewonnen. Infolgedessen wird der Urin konzentriert und dessen Volumen nimmt ab. Da die Ausscheidung des Hormons vor allem nachts erfolgt, wird so ein Durchschlafen ohne Bettnässen bei Erwachsenen ermöglicht.[40] Aus pathologischer Sicht lässt sich feststellen, dass ein Mangel an Vasopressin zum sogenannten Diabetes inspidus führt. Hierbei verlieren Patienten täglich ca. 10 Liter Wasser über die Nieren und müssen folglich umso mehr Flüssigkeit zu sich nehmen. Eine Überproduktion des Hormons führt hingegen zu dem sogenannten Schwartz- Bartter- Syndrom. Die Symptome hierbei sind hauptsächlich neuropsychiatrisch und sind durch Schwäche, Apathie, Kopfschmerzen, Krampfanfälle, Schläfrigkeit und Wasserretention gekennzeichnet.[41] Vasopressin wird bei Schockzuständen und bei der Hämodialyse eingesetzt.[42]

2.4 Somatotropin

Somatotropin ist ein Polypeptid, welches oftmals auch als „Growth hormone" bezeichnet wird, da es als Wachstumshormon in menschlichen und tierischen Organismen fungiert. Das Hormon wird in der Adenohypophyse gebildet und die Ausschüttung durch den Hypothalamus mittels den Hormonen Somatoliberin und Somatostastin reguliert. Somatoliberin ermöglicht hierbei eine Ausschüttung, während Somatostastin Inhibitionsfunktionen besitzt, um übermäßiges Wachstum zu verhindern. Während dem Schlaf wird am Meisten Somatotropin produziert.[43] Somatotropin entfaltet seine hauptsächliche Wirkung mit Hilfe von Somatomedinen. Hierunter sind wachstumsfördernde Peptide zu verstehen, die in der Leber, den Knochen oder auch anderen Geweben synthetisiert werden. Dort wirken die Peptide vorwiegend parakrin während sie allerdings auch endokrin sezerniert und wie klassische Hormone wirken können. Aufgrund der Ähnlichkeit zu Insulin nennt man

---

[39] Vgl. Schmidt et. al (2007), S.473f.
[40] Vgl. Karim I (2015) , S.48
[41] Vgl. Herpertz (2010), S.251
[42] Vgl. Renz (2012), Abs. 10.9
[43] Vgl. Horn (2009), S.396

Somatomedine auch „insuline like growth factors" (IGF). Die zwei wichtigsten Insulin-ähnlichen Wachstumsfaktoren sind das IGFI und das IGFII. IGFI sorgt für eine Steigerung der DNA- und RNA Synthese in den Wachstumszonen der Knochen. Dadurch wird die Zellteilung gefördert und die Knochen wachsen in die Länge. Eine Erhöhung von Somatotropin führt immer zu einer Erhöhung von IGFI. IGFII wirkt relativ ähnlich, spielt allerdings beim Wachstum innerhalb der Gebärmutter eine große Rolle. Für die Bildung von IGFII ist ein Minimum an Somatotropin notwendig, allerdings führt eine Erhöhung nicht gleich zu einer Erhöhung der Bildung von IGFII.[44] Die Ausschüttung von Somatotropin wird stimuliert durch Glukagon, Schilddrüsenhormone, Aminosäuren, Hypoglykämie, Östrogene, Dopamin, Serotonin, Noradrenalin, Endorphine, NREM- Schlaf, und Stress. Die Ausschüttung wird hingegen durch GABA, Kälte, Cortisol, Gestagene, Adispositas, Adrenalin, Hyperglykämie und Hyperlipidämie gehemmt.[45] Ein Mangel an Somatotropin führt zu Kleinwüchsigkeit. Außerdem führt ein Mangel bei Erwachsenen zu erhöhter Körperfettmasse, reduzierter Muskelmasse, erhöhtes kardiovaskuläres Risiko sowie reduzierte Knochenmineraldichte. Ein Überschuss hingegen führt bei Kindern zum Riesenwuchs und bei Erwachsenen zu appositionellem Knochenwachstum mit Größenzunahme der der Eingeweide, wie Herz, Leber und Niere.[46] Manche Sportler missbrauchen synthetisches Somatotropin aufgrund des schnelleren Muskelaufbaus und Fettabbaus. Andere Menschen hingegen nutzen es als Anti- Aging Mittel, wobei es hierbei keine Belege der Wirksamkeit gibt.[47]

2.5 Adrenocorticotropes Hormon

Das Adrenocorticotropes Hormon (ACTH) ist ein einkettiges Polypeptid mit 39 Aminosäuren. Da die ersten 23 Aminosäuren den aktiven Kern des Moleküls bilden, besitzt ein synthetisches Polypeptid mit 23 Aminosäuren die volle ACTH- Aktivität.[48] ACTH wird in basophilen Zellen der Adenohypophyse unter Einfluss des Corticotropin-releasing Homons (CRH) gebildet und die Sekretion durch den Hypothalamus reguliert.[49] Außerdem kann die Bildung von ACTH auch in bösartigen Tumoren der

---

[44] Vgl. Horn (2009), S.396f.
[45] Vgl. Schmidt et. al (2007), S.482
[46] Vgl. Schmidt et. al (2007), S.482
[47] Vgl. Geschwinde (2012) , S.702
[48] Vgl. Ganong (2013), S.332
[49] Vgl. Eckert et. al. (2002), S.335

Nebennierenrinde erfolgen, wie z.B. beim paraneoplastischen Cushing- Syndrom.[50] Grundsätzlich reguliert ACTH die Nebennierenrindenfunktion. Unter ACTH Einfluss werden also Mineralocorticoide, Glucocorticoide und Androgene in der Nebenniere produziert. Glucocorticoide sind Hormone, die den Blutzuckerspiegel anheben und Entzündungen dämpfen, wobei Cortisol das relevanteste Glucocorticoid für den Mensch ist.[51] Da also die Bildung des Stresshormons Cortisol maßgeblich durch ACTH stimuliert wird und ACTH vor allem bei diversem Stress und Stressoren ausgeschüttet wird , wird ACTH selbst oftmals als Stresshormon bezeichnet.[52] CRH, ACTH und Cortisol stehen insofern in einer Wechselwirkung, da CRH und ACTH eine Ausschüttung von Cortisol bewirkt, wohingegen eine Ausschüttung von Cortisol eine weitere Bildung von ACTH und CRH unterbindet.[53] Übelkeit, Benommenheit, Müdigkeit und Erbrechen sind Folgen eines Mangels an ACTH und der damit einhergehenden Nebennierenunterfunktion.[54] Ein ACTH Überschuss kann bei dem Cushing Syndrom auftreten und ist durch dessen Symptome, wie z.B. Gewichtszunahme oder Muskelabbau gekennzeichnet.[55] ACTH- Stimulationstests werden zur Diagnostik eines Nebenniereninsuffizienz oder des adrenogenitalen Syndroms eingesetzt. Außerdem wird ACTH in der Therapie bei epileptischen Anfällen sowie zur Behandlung von Gicht eingesetzt.[56]

---

[50] Vgl. Piper (2012), S.572
[51] Vgl. Schmidt, Thews (1976), S.393
[52] Vgl. Reichert (2015), S.30
[53] Vgl. Neurolab, Cortisol – Bedeutung von Cortisol im menschlichen Organismus
[54] Vgl. Woolliscroft (2013), S.190
[55] Vgl. Plewig, Degitz (2013), S.174
[56] Vgl. Kuzell, Gaudin (1956), S.11

3. Aufgabe 3- Prinzip und Anwendungsmöglichkeiten Neurofeedback

3.1 Funktionsweise Neurofeedback

Neurofeedback ist eine Art Unterkategorie des sogenannten Biofeedback, bei dem es allgemein um die Rückmeldung von körperlichen Aktivitäten in Echtzeit geht. Bei Neurofeedback steht die Rückmeldung von Gehirnaktivitäten im Vordergrund, welche meist mithilfe eines Elektroenzephalogramm (EEG) verbildlicht wird. Hierbei ist anzumerken, dass feedback, also eine Rückmeldung, die Voraussetzung für jede Art von Lernen ist. Es ermöglicht das Korrigieren und Regulieren von unvorteilhaften und fehlerhaften Aktivitäten. Das Korrigieren ist Resultat der gesteigerten Wahrnehmung innerer Zustände. Dementsprechend ist Neurofeedback also ein computergestützter Lern- und Trainingsprozess mit dem Ziel, fehlerhafte Muster im Gehirn zu korrigieren und zu regulieren. An dieser Stelle ist zu vermerken, dass Feedbackmechanismen an sich im menschlichen Körper keine Seltenheit sind, auch wenn sie hier größtenteils unbewusst ablaufen. Beispielsweise erfolgt die Regulierung des Wasserhaushalts und des Wärmehaushalts aber auch die Regulation der Hormonausschüttung mithilfe eines feedbacks.[57]

3.1.1 Gestaltung Neurofeedback

Der Trainingsprozess bzw. das Neurofeedback kann unterschiedlich gestaltet werden, wobei einige Erkenntnisse der allgemeinen Psychologie sowie Lernpsychologie von enormer Bedeutung sind.

Wie Experimente und Studien zeigen, können Verstärker eine wichtige Rolle einnehmen. Dies schließt sich an die Erkenntnisse der operanten Konditionierung an. Manche Studien kamen sogar zu dem Ergebnis, dass die Verstärkung wichtiger als das feedback selbst ist.[58] Towbridge und Cason machten im Gegenzug Studien zum sogenannten „Knowledge of results". Hier wurden die Verstärker vollends weggelassen und trotzdem gute Ergebnisse erzielt.[59] Es wird vermutet, dass ein Mix aus beiden Ansätzen, also von feedback und Verstärkung die besten Ergebnisse erzielt. Deswegen wurden Programme entwickelt, die mit Videos arbeiten und nur bei

---

[57] Vgl. Haus et. al (2015), S.4ff.
[58] Vgl. Strehl (2020), S.19
[59] Vgl. Mazur (2016), S.309

korrekter bzw. positiver Veränderung der Gehirnaktivität weiterlaufen. Hierbei müssen die Videos für den Patienten angenehm sein, sodass sie als Verstärker fungieren.[60]

Allerdings stellen die Theorien der sogenannten „Post- Reinforcement-Synchronisation" diese kontinuierliche Rückmeldung in Frage. Es wird davon ausgegangen, dass das Neurofeedback- Training eher diskontinuierlich, also mit vielen kleinen Pausen zwischendrin, ablaufen sollte um die besten Ergebnisse zu erzielen.[61] Eine Verstärkung kann jedoch auch nach einem diskontinuierlichen Training etwa durch Belohnungspunkte für gute Mitarbeit erfolgen. Hinsichtlich der Rückmeldung an sich sind die Befunde klarer. Hierbei sollte die Rückmeldung proportional und nicht binär erfolgen. Außerdem sollte das feedback visuell und nicht auditiv gestaltet werden. Zudem sollte keine zeitliche Verzögerung zwischen der Hirnaktivität und dem feedback bestehen, sodass die Gehirnaktivität in Echtzeit übertragen wird.[62] Um einen Transfer, also eine Generalisierung des Erlernten in anderen Situationen zu ermöglichen, sollten bisweilen auch Durchgänge ohne feedback durchgeführt werden. Außerdem sollte ein Bild des Trainingsbildschirms mit dem jeweiligen Motiv, das genutzt wurde, gemacht werden. Dieses Bild bzw. dieses Belohnungskärtchen sollte jeden Tag 5-10 Minuten von dem Patienten angeschaut werden. Dadurch entsteht ein klassischer Konditionierungsprozess, bei dem das Motiv als konditionierter Reiz fungiert. Nach dem Prozess wird beim alleinigen Anschauen des Bildes und Motives die Gehirnaktivität verbessert. So lassen sich die Belohnungskarten in Situationen, in denen eine Regulation und ein korrigieren von Gehirnaktivität von Nöten ist, als erlaubte „Spickzettel" benutzen.[63] Bestenfalls findet nach der Neurofeedback Therapie eine Automatisierung statt. Die erlernten Fertigkeiten werden im impliziten Gedächtnis abgespeichert und können jederzeit unbewusst abgerufen werden.[64] Bezüglich der Häufigkeit wird angenommen, dass vor allem zu Beginn der Therapie eine höhere Frequenz einen schnelleren Lernerfolg ermöglicht. Der Therapieverlauf ist grundsätzlich abhängig von der Aufgabenschwierigkeit, der Anzahl der Wiederholungsübungen und deren Dauer, sowie von individuellen als auch von situativen Faktoren.[65] Zu den Formen des

---

[60] Vgl. Strehl (2020), S.20
[61] Vgl. Strehl (2020), S.20
[62] Vgl. Strehl (2020), S.20
[63] Vgl. Strehl (2020), S.22f.
[64] Vgl. Strehl (2020), S.24f.
[65] Vgl. Strehl (2020), S.32

Neurofeedback lässt sich feststellen, dass das Frequenzbandtraining und das SCP-Training die Hauptformen darstellen. SCP steht für „Slow Cortical potencials". Damit ist das Training der langsamen kortikalen Hirnpotenziale gemeint. Hierbei kommt es im EEG zu einer Gleichspannungsverschiebung in elektrisch negative oder positive Richtung. Bei erhöhter Aufmerksamkeit tritt eine Negativierung und bei Ruhezuständen eine Positivierung auf. Ein Objekt wird am Bildschirm nach oben oder nach unten bewegt. So wird die bewusste Regulation für Hemmung und Erregung erlernt. In einem Zeitraum von 20 Minuten werden ca. 100-160 Durchgänge bewältigt. Man rechnet mit 30-40 Therapiesitzungen für eine nachhaltige Besserung.[66] Beim Frequenzbandtraining werden lokale Synchronitäten im Gehirn trainiert. Hierbei kann auch eine geringe Amplitude und somit eine geringe Synchronität oder eine geringe Amplitude in einem bestimmten Frequenzbereich und eine höhere Amplitude in einem anderen Frequenzbereich zu einem positiven feedback führen, je nach Bedarf. Somit ist das Frequenzbandtraining sehr individuell und auch gezielter als das SCP-Training.[67] Es werden hierbei nur 3-4 Durchgänge pro Sitzung (45-60 Minuten) absolviert. Man rechnet mit 20-40 Therapiesitzungen für eine nachhaltige Besserung.[68] Seltener wird auch ILF Neurofeedback angeboten. ILF steht hierbei für „Infra-low-frequency". Es wird ein Frequenzbereich von unter 0,1 HZ trainiert. Nach 20-40 Sitzungen ist mit einer nachhaltigen Wirkung zu rechnen.[69]

Den beschriebenen Befunden und Untersuchungen zufolge sollte eine Neurofeedback Therapie bestenfalls so gestaltet werden, dass das Training zunächst mit einer höheren Anzahl bzw. Frequenz von Sitzungen pro Woche beginnt. Es sollte bereits von Anfang an Transferdurchgänge beinhalten. Die Durchgänge einer Sitzung sollte mehrere kleine Pausen beinhalten. Mit Verstärkern und Belohnungen kann gearbeitet werden. Nach 10-12 Sitzungen sollte eine längere Pause erfolgen, in der selbstständig Transferübungen durchgeführt werden. Zudem sollte man auf das individuelle Lerntempo und individuelle Gegebenheiten achten und bei Veränderungen der Leistung ggfls. den Trainingsplan verändern.[70] Es ist zu berücksichtigen, dass dies nur allgemeine und inoffizielle Leitlinien sind, die sich an die Erkenntnisse und Untersuchungen anlehnen. Eine offizielle Vorgabe und detaillierte Leitlinie zur

---

[66] Vgl. Ellinger et. al (2010), S.27
[67] Vgl. Krüger (2018), S.29ff.
[68] Vgl. Geuecke (2016), S.38
[69] Vgl. Haus et. al (2015), S.111f.
[70] Vgl. Strehl (2020), S.33

Durchführung der Neurofeedback Therapie gibt es nicht, zumal die Therapie auch relativ individuell gestaltet werden sollte.[71]

3.2 Anwendungsmöglichkeiten

Das Anwendungsspektrum der Neurofeedbacktherapie ist recht breit gefächert. So wird Neurofeedback zwar hauptsächlich bei Patienten mit Aufmerksamkeitsdefizit-/Hyperaktivitätsstörung (ADHS), aber auch bei Patienten mit Depression, Angststörungen, Schlafstörungen, Epilepsie, Ticstörungen, Migräne, Schizophrenie oder Tinnitus eingesetzt.[72] Außer den klinischen Anwendungsmöglichkeiten findet Neurofeedback auch Nutzen bei gesunden Menschen, die ihre Leistung steigern wollen, wie z.B. Leistungssportler.[73] In den folgenden Unterkapiteln werden die Anwendungsmöglichkeiten im klinischen Bereich hinsichtlich der Störungen ADHS, Depression sowie Angststörungen näher erläutert. Es wurden speziell diese Pathologien ausgewählt, da Angststörungen und Depressionen die häufigsten psychischen Krankheiten sind.[74] ADHS wurde ausgewählt, da hierzu im Zusammenhang zu Neurofeedback am meisten Studien bestehen und Neurofeedback hier entsprechend oft eingesetzt wird.[75]

3.2.1 ADHS

Die häufigste Anwendung von Neurofeedback findet, wie bereits erwähnt, bei Patienten mit ADHS statt. Bei Patienten mit ADHS weist das EEG eine durchschnittlich geringere Beta- Aktivität und zugleich eine erhöhte Theta- Aktivität vor. Die Frequenz der Beta- Wellen gibt Auskunft über die Aufmerksamkeit während die Frequenz der Theta- Wellen Auskunft über die Müdigkeit gibt. Durch das Neuroffedbacktraining lernen Patienten mit ADHS ihre Beta Aktivität zu erhöhen und gleichzeitig ihre Theta Aktivität zu verringern.[76] Dr. Martijn Arns et. al. verglichen alle bisherigen Studien in sämtlichen Ländern zum Thema Neurofeedback und ADHS und fassten diese zusammen. Eine Zusammenfassung der Daten ergab, dass die Neurofeedbacktherapie bei ADHS wirksam und spezifisch ist. Es entspricht der höchsten Wirksamkeit einer Behandlung. Vor allem die Unaufmerksamkeit und

---

[71] Vgl. Pirker- Binder (2006), S.89
[72] Vgl. Kober, Wood (2020), S.4
[73] Vgl. Maercker, Machmutow (2018), S.574
[74] Vgl. DGPPN (2019), S.1
[75] Vgl. Kober, Wood (2020), S.3
[76] Vgl. Karim II (2015), S.65

Impulsivität aber auch die Hyperaktivität verbesserte sich.[77] Zur Nachhaltigkeit der Therapie existieren zwei Studien. Eine Studie bezieht sich auf die Dauer von 6 Monaten und die andere Studie auf die Dauer von 2 Jahren nach der Behandlung. Beide Studien kamen zu dem Ergebnis, dass die positiven Effekte des Neurofeedbacks weiterhin erhalten blieben und sich in manchen Fällen sogar weiterhin verbesserten.[78]

3.2.2 Depression

Es wurde mithilfe des EEG´s festgestellt, dass bei Patienten mit Depression eine Asymmetrie der Aktivitäten der beiden Frontalhirne besteht. Das heißt konkret, dass bei Regionen im linken Frontalhirn eine reduzierte Aktivität im Vergleich zum rechten Frontalhirn besteht. Hierbei ist entscheidend, dass die rechte Hemisphäre im frontalen Bereich für die Verarbeitung von emotional negativer Reize und die linke Hirnhälfte im frontalen Bereich für Verarbeitung von positiver Reize zuständig ist. Demnach ist die Aktivität von Regionen, die für die Verarbeitung von negativer Reize zuständig sind weitaus ausgeprägter als bei Regionen, die für die Verarbeitung positiver Reize zuständig sind. Durch die Neurofeedbacktherapie soll dieses Ungleichgewicht behoben werden. Es ist zu erwähnen, dass die Neurofeedbacktherapie einen unterstützenden Aspekt der Psychotherapie darstellt.[79] Eine Studie mit 12 Teilnehmern ergab, dass bei 8 Patienten das Neurofeedback wirksam war und bei 5 von diesen 8 Patienten die Depression sogar weitestehend verschwand. Hierbei ist zu erwähnen, dass bei den teilnehmenden Patienten alle bisherigen Versuche, also medikamentöse- oder Gesprächstherapien erfolglos waren.[80] Demnach kann die Neurofeedbacktherapie bei Depressionen nicht nur als Begleittherapie, sondern auch als Alternativbehandlung dienen. Allerdings benötigt es hierzu weitere Studien, um weitere Daten hinsichtlich der Wirksamkeit zu sammeln.

3.2.3 Angststörungen

Es existieren eine Vielzahl von Formen der Angststörungen. So gibt es z.B. die generalisierte Angststörung, die soziale Phobie oder auch spezifische Angststörungen. Bei allen Formen ist eine Fehlregulierung bzw. Entgleisung des Erregungszustands im zentralen und autonomen Nervensystems festzustellen, was

---

[77] Vgl. Frölich et. al (2014), Abs. 4.3
[78] Vgl. Juckel, Edel (2018), Abs. 19.4
[79] Vgl. Haus et. al (2015), S.258f.
[80] Vgl. Journal of korean medical science (10/20)

mit entsprechenden körperlichen bzw. psychophysiologischen Symptomen einher geht. Bei der Neurofeedbacktherapie steht hier also die Stabilisierung des Nervensystems im Vordergrund, um solche Entgleisungen zu verhindern. Hierzu können nahezu alle Methoden des Bio- als auch des Neurofeedbacks dienen. Dadurch soll die Entspannungsfähigkeit des Patienten verbessert werden. Durch das ILF-Training werden zunächst körperliche Symptome mithilfe des rechts- partialem Trainings beseitigt bzw. verringert. Es führt zu körperlicher Beruhigung und folglich einem besseren Wohlgefühl. Anschließend findet mithilfe des rechts- frontalen Trainings eine emotionale Beruhigung statt. Dies führt auch dazu, dass die Angst vor der Angst, was für Angstpatienten typisch ist, verschwindet oder zumindest verringert wird. Ein links- frontales Training kann Zwangsgedanken entgegenwirken, die oftmals zur Angst führen.[81] Ähnlich wie bei der Neurofeedbacktherapie bei Depression gehen einige Wissenschaftler auch bei der Neurofeedbacktherapie bei Angststörungen von einer Wirksamkeit aus. Allerdings besteht auch hier weiterer Forschungsbedarf.[82]

---

[81] Vgl. Haus et. al (2015), S.250
[82] Vgl. Rief, Birbaumer (2018), S.132

Quellenverzeichnis

- Kolster, B., Marquardt, H. (2013). Reflextherapie: Bindegewebsmassage Reflexzonentherapie am Fuß. Heidelberg: Springer
- Kirschbaum, C. (2008). Biopsychologie von A bis Z. Heidelberg: Springer
- Siems, W., Bremer, A., Przyklenk, J. (2016). Allgemeine Krankheitslehre für Physiotherapeuten. Heidelberg: Springer
- Moberg, K. (2016). Oxytocin, das Hormon der Nähe. Heidelberg: Springer
- Prof. Dr. Karim, A. (2015). Studienbrief: Biologische Psychologie (I). Reidlingen: SRH Fernhochschule
- Schmidt, R., Thews, G. (1976). Physiologie des Menschen. Heidelberg: Springer
- Voss, H., Herrlinger, R. (1964). Taschenbuch der Anatomie. Jena: Gustav Fischer Verlag
- Schiebler, T. (2006). Anatomie. Heidelberg: Springer
- Weber, E. (1960). Schemata der Leitungsbahnen des Menschen. München: Lehmanns
- Bley, C.-H., Centgraf, M., Cieslik, A., Hack, J. (2015). I care Anatomie, Physiologie. Leipzig: Thieme
- Braus, H. (1940). Anatomie des Menschen- Periphere Leitungsbahnen II, Haut und Sinnesorgane, Vegetatives Nervensystem. Berlin: Springer
- Birbaumer, N., Schmidt, R. (2013). Biologische Psychologie. Heidelberg: Springer
- Rüegg, J. (2007). Gehirn, Psyche und Körper: Neurobiologie von Psychosomatik und Psychotherapie. Stuttgart: Schattauer
- Silverthorn, D. (2009). Physiologie. München: Pearson Deutschland
- Gauggel, S., Herrmann, M. (2008). Handbuch der Neuro- und Biopsychologie. Göttingen: Hogrefe
- Prof. Dr. Karim, A. (2015). Spezialgebiete der biologischen Psychologie (II). Riedlingen: SRH Fernhochschule
- Graumann, W., Sasse, D. (2005). CompactLehrbuch Anatomie. Stuttgart: Schattauer
- Asmussen- Clausen, M. (2007). Neurologie, Psychiatrie- Lehrbuch für Pflegeberufe. München: Urban & Fischer Verlag

- Althaus, F. (2007). Lehrbuch der Pharmakologie und Toxikologie für die Veterinärmedizin. Leipzig: Thieme
- Speckmann, E.-J., Hescheler, J., Köhling, R. (2019). Physiologie. München: Urban & Fischer Verlag
- Kahle, W., Frotscher, M. (2009). Taschenatlas Anatomie. Leipzig: Thieme
- Liebich, H.-G. (2010). Funktionelle Histologie der Haussäugetiere und Vögel. Stuttgart: Schattauer
- Julius, H., Beetz, A., Kotrschal, K., Turner, D.C., Unväs- Moberg, K. (2014). Bindung zu Tieren: Psychologische und neurobiologische Grundlagen tiergestützter Interventionen. Göttingen: Hogrefe
- Paufler, A. (2018). Führung- Kreativität- Innovation: Ein Leitfaden mit Denkstrategien und Denktaktiken für innovative Köpfe. Heidelberg: Springer
- Herpertz, U. (2010). Ödeme und Lymphdrainage: Diagnose und Therapie von Ödemkrankheiten. Stuttgart: Schattauer
- Schmidt, R., Lang, F., Heckmann, M. (2007). Physiologie des Menschen- mit Pathophysiologie. Heidelberg: Springer
- Renz, V. (2012). Gesundheits- und Krankheitslehre, Pflege. Stuttgart: Kohlhammer
- Horn, F. (2009). Biochemie des Menschen. Leipzig: Thieme
- Geschwinde, T. (2012). Rauschdrogen- Marktformen und Wirkungsweisen. Heidelberg: Springer
- Ganong, W. (2013). Lehrbuch der medizinischen Physiologie. Heidelberg: Springer
- Eckert, R., Burggren, W., Randall, D. (2002). Tierphysiologie. Leipzig: Thieme
- Reichert, B. (2015). Massage- Therapie. Leipzig: Thieme
- Woolliscroft, J. (2013). Diagnose- und Therapielexikon für den Hausarzt. Heideberg: Springer
- Plewig, G., Degitz, K. (2013). Fortschritte der praktischen Dermatologie und Venerologie. Heidelberg: Springer
- Kuzell, W., Gaudin, G.-P. (1956).Gicht. Basel: Geigy
- Haus, K.-M., Held, C., Kowalski, A., Krombholz, A., Nowak, M., Schneider, E., Strauß, G., Wiedemann, M. (2015). Praxisbuch Biofeedback und Neurofeedback. Heidelberg: Springer

- Strehl, U. (2020). Neurofeedback- Theoretische Grundlagen, Praktisches Vorgehen, Wissenschaftliche Evidenz. Stuttgart: Kohlhammer
- Mazur, J. (2016). Learning & Behavior: Eight Edition. London: Routledge
- Ellinger, S., Walther, P., Dietrich, J. (2010). Aufmerksamkeitsförderung in der Schule durch Neurofeedback: Brainfeeders. Konzept und Design eines Forschungspro-jektes. Empirische Sonderpädagogik. Lengerich: Pabst Science Publishers
- Krüger, A. (2018). Neurobiofeedback. In: Leistungssport. Frankfurt a.M.: Deutscher olympischer Sportbund
- Geuecke, L. (2016). ADHS im Erwachsenenalter: Ein Ratgeber für Betroffene, Angehörige und Ergotherapeuten. Idstein: Schulz- Kirchner Verlag
- Pirker- Binder, I. (2008). Biofeedback in der Praxis: Band 2: Erwachsene. Heidelberg: Springer
- Kober, S./ Wood, G. (2020), Möglichkeiten und Grenzen von Neurofeedback, Lernen und Lernstörungen
- Maercker, A., Machmutow, K. (2018). Operantes Verfahren. In J. Margraf & S. Schneider: Lehrbuch der Verhaltenstherapie, Band 1. Neidelberg: Springer
- Frölich, J., Döpfner, M., Banaschewski, T. (2014). ADHS in Schule und Unterricht: Pädagogisch- didaktische Ansätze im Rahmen des multimodalen Behandlungskonzepts. Stuttgart: Kohlhammer
- Rief, W., Birbaumer, N. (2018). Biofeedback: Grundlagen, Indikationen, Kommunikation, Vorgehen. Stuttgart: Schattauer
- Juckel, G., Edel, M.-A. (2018). Neurobiologie und Psychotherapie. Stuttgart: Schattauer
- Eun-Jin Cheon (10/2019). Journal of korean medical science
- DGPPN- Deutsche Gesellschaft für Psychiatrie und Psychotherapie, Psychosomatik und Nervenheilkunde (07/2019). Zahlen und Fakten der Psychiatrie und Psychotherapie
- Piper, W. (2012). Innere Medizin. Heidelberg: Springer
- Moritz, A., Kraft, W., Dürr, U. (2013). Klinische Labordiagnostik in der Tiermedizin. Stuttgart: Schattauer
- Neurolab GmbH (Jahr unbekannt), https://neurolab.eu/infos-wissen/wissen/hormone/cortisol/, abgerufen am: 13.08.2020.